아이는   어떻게   어른이   되는가

**COACH**

Copyright ⓒ 2005 Michael Lewis

Korean Translation Copyright ⓒ 2025 by MORO

Korean edition is published by arrangement with W. W. Norton & Company, Inc. through Duran Kim Agency.

이 책의 한국어판 저작권은 듀란킴 에이전시를 통한 W. W. Norton & Company, Inc.와의 독점계약으로 모로에 있습니다.
저작권법에 의하여 한국 내에서 보호를 받는 저작물이므로 무단전재와 무단복제를 금합니다.

# 아이는   어떻게   어른이 되는가

마이클 루이스 지음
하경식 옮김

*Coach: Lessons on the Game of Life*

퀸과 딕시에게

**일러두기**

1. 이 책에 나오는 외국의 인명, 지명 등은 국립국어원 외래어표기법에 따라 표기했지만, 표기법이 정해지지 않은 경우 현지음과 최대한 가깝게 썼다.
2. 원서에서 저자가 이탤릭체로 강조한 부분은 고딕체로 표기했다.

\*

내가 열두 살 때, 뉴올리언스의 지역 신문 〈더 타임스-피카윤The Times-Picayune〉이 "웨스트 뱅크(West Bank, '요르단강 서쪽에 있는 둑'이라는 의미로 이스라엘과 팔레스타인의 분쟁 지역 – 옮긴이) 장악을 위한 싸움"이라는 헤드라인의 기사를 실었다. 나는 그게 미시시피강의 반대편을 뜻하는 줄 알았다.

반들반들한 내 황금색 벨루어velour 바지가 엄청 근사하다는 생각도 했다. 또한 아주 긴급한 상황—말하자면 홍수나 허리케인 같은—이 닥쳐 슈퍼에 갈 수 없을 때를 대비해, 커다란 자루에 나비스코 초콜릿칩 쿠키를 담아 침대 밑에 두기도 했다.

안전거리를 확보한 마흔세 살이라는 나이에서 보

면, "열두 살"은 나이라기보다는 질병으로 보이고, 나는 열두 살과 관련된 거의 모든 걸 잊고 살았다. 당시 내게 일어났던 사건이나 겪었던 사람 그 자체를 잊었다기보다는, 그것들 또는 그들에게 부여했던 특별한 감정이나 의미들을 말이다.

하지만 예외도 있다. 어떤 사람들과 경험들은 시간이 지나도 결코 사소해지지 않는다. 예를 들어, 아이의 마음에 훅 들어올 수 있는 드문 능력을 가진 선생님들. 그들은 마치 아이들 마음에 영원히 머물 권리를 가진 것만 같다. 나도 그런 선생님을 만난 적이 있다. 그의 이름은 빌리 피츠제럴드였지만, 모든 아이가 그를 피츠 감독님이라고 불렀다.

피츠를 잊는 건 불가능했지만―곧 그 이유를 말해줄 것이다―그를 피하는 건 쉬운 일이었다. 나는 거의 30년 동안 그와 아무 관련 없이 살았고, 내가 그에게 가르침을 받았던 학교, 이시도르 뉴먼 스쿨(유치원부터 우리나라 초중고에 해당하는 1~12학년까지의 교육과정이 있는 사립학교로, 초등학교는 5년제, 중학교는 3년제, 고등학교는 4년제다 – 옮긴이)과도 담을 쌓고 지냈다.

하지만 지난 1년간 나는 그와 관련된 소식 두 개를 들었다. 그 소식을 종합해보면, 그는 내가 상상도 해본 적 없던 미스터리한 인물 같았고, 그래서 굉장히 이상하게 들렸다. 첫 번째 소식을 들은 건 작년 봄이었다.

그가 가르친 선수 중 한 명이었던 데이비드 포인터라는 마흔네 살의 뉴올리언스 금융가가, 오래된 학교 체육관을 허물고 '피츠'라는 이름을 붙여 다시 짓겠다고 했다. 포인터는 체육관 재건립 비용 모금을 위해 전화를 돌렸다. 포인터와 같은 생각을 갖고 있었던 수백 명에 달하는 전직 선수들과 부모들은 기부금을 쏟아냈다. "부모들의 가장 공통적인 반응은 피츠가 온 힘을 다해 노력했다는 거였어요." 포인터는 이렇게 말했다.

이후 들은 두 번째 소식. 어름 야구 시즌 동안, 피츠

는 지금의 뉴먼 선수들에게 일장 연설을 늘어놨다. 길고도 우울한 시즌이었다. 그해 루이지애나주州 야구 챔피언십에서 우승한 아이들은 우승 이후 야구에 대한 흥미가 식어버렸다. 선수들에게 화가 치솟았던 피츠는, 결국 시즌 마지막 경기가 끝난 뒤 한 명 한 명을 붙잡고 지금 뭐가 잘못됐는지 하나하나 짚어줬다.

한 선수는 연습을 거른 뒤 그 이유에 대해 거짓말을 했고, 어떤 선수는 자신의 실패를 자신을 제외한 다른 모든 이의 탓으로 돌렸다. 어떤 선수는 재능을 낭비하고 있었고, 어떤 선수는 여름 전에 약 7킬로그램을 빼겠다고 해놓고 오히려 5킬로그램이 쪄 있었다. 피츠에게 혼이 난 선수들은 집에 가서 부모에게 감독에 대한 불평을 쏟아냈다. 그들 중 여덟 명의 아버지, 즉 야구팀의 절반에 해당하는 수가 교장에게 항의를 했다. 피츠를 자르라고 하는 이도 있었다.

과거는 현재와 불화했다. 과거의 선수들과 그 부모들이 '피츠'라는 이름의 체육관을 짓겠다고 앞디퇴 기부금을 내고 있는 반면, 현재의 선수들과 그 부모들은 피츠를 쫓아내기 위해 교장을 설득하는 데 기를 쓰고 있었다. 이 소식이 흥미로웠던 나는, 현재 뉴먼에서 벌어지는 일들과 관련이 있지만 지금은 대학에 들어가 신입생이 된 두 선수에게 전화를 걸었다. 그들의 아버지 역시 피츠에게 불만을 제기한 사람들 중 하나였지만, 그들은 그 사건이 어쩔 수 없는 자연재해 같은 거라고 했다. 한 명은 팀원들을 '징징거리기나 하는 놈들'이라고 말하며, 피츠가 그런 위험과 맞닥뜨린 이유는 "많은 부모가 고액을 기부하기 때문"이라고 설명했다.

점점 더 흥미를 느낀 나는 현재 뉴먼의 교장을 만나기 위해 뉴올리언스로 날아갔다. 이시도르 뉴먼 스쿨은 미국의 모든 중소도시라면 적어도 두 개는 있을, 부유한 사립학교 중 하나다(그중 하나는 컨트리 데이 스쿨이다). 70명 정도였던 우리 반 애들 대부분은 뉴올리언스 기준에서 보면 부유한 집안 자식들이었다.

우리 중 몇 명이나 자신이 3루타를 칠 거라고 생각했는지는 모르겠지만, 꽤 많은 아이가 이미 3루에서 태어났던 셈이다. 아주 놀라운 점은 이 학교가 1903년 유대인 고아들을 위한 수공업 훈련을 위해 설립되었다는 것이다. 우리 반의 절반이 유대인이었지만, 고아는 한 명도 없었다.

아무튼, 현재 교장의 이름은 스콧 매클라우드였다. 1993년부터 뉴먼의 교장이었던 그는, 지금 뉴먼은 내가 졸업했던 1978년과는 다르다고 했다. "자식을 대신해 간섭하고, 자식들 편을 들어요. 자식을 보호하기 위해서겠지만 별로 건강하지 않은 방식이죠. 그게 매년 심해지고요." 그가 계속했다. "운동할 때도 그렇고 교실에서도 그래요. 점점 더 나빠질 뿐이죠."

피츠는 부모들이 작성한, 우리 아이를 힘들게 하는 것들 명단에서도 가장 꼭대기에 있는 셈이었다. 실제로 매클라우드가 교장이 된 후 받았던 첫 항의 전화는, 피츠가 자기 아들을 경기에 적게 내보낸다며 화를

내던 어느 아버지로부터 온 것이었다.

그 뒤로 교장은 지진이 오는데 갈라진 틈에 걸터앉은 신세가 됐다. 한쪽에서는 과거 선수들의 강력한 지원을 받지만, 다른 한쪽에서는 화가 난 현재 선수들의 부모로부터 항의가 빗발치는 감독을 데리고 있었기 때문이다. 내가 왜 그 부모들을 무시하지 않냐고 물었을 때, 그는 그럴 수 없다고 얼른 답했다. 부모들이 그의 고객이어서였다. ("그들은 막대한 등록금을 냅니다. 항의할 권리가 있어요.")

하지만 내가 그에게 피츠를 잘라야겠다는 생각을 해본 적이 있냐고 물었을 때는, 깊게 고민한 뒤 말했다. "부모들은 자기 자식이 성공을 거두길 원해요. 본인들이 믿는 성공이요. 최고의 대학에 가고, 최고의 직업을 얻기를 바라죠. 그렇기 때문에 만약 자기 아이가 실패한다면—백업 선수로만 머물거나 감독에게 혼나는 것—그 책임이 학교에도 있다고 생각해요."

교장은 이미 전설이 된 피츠를 어떻게 해고해야 할

지는 몰랐지만, 전설을 어떻게 바꿔야 할지는 잘 알았다. 그는 몇 번이나 교장실로 피츠를 불러 이제는 변화를 줘야 한다고 고집스럽게 설득했다. 전임 교장들은 하지 못한 일이었다. "피츠가 변한 건 피츠 자신 덕분이에요. 본인이 한 거죠." 교장이 말했다.

피츠가 변화를 위해 한 일이 무엇이든 자신을 비난하던 이들을 만족시키지 못한 건 사실이었다. 하긴 그가 젊었을 때를 생각해보면, 가야 할 길은 여전히 멀기만 했다.

\*

처음 피츠를 봤을 때, 우리가 그에 대해 아는 거라곤 그가 오클랜드 A's(현재는 오클랜드를 빼고 애슬레틱스로 구단명을 바꾼 미국 프로 야구팀 – 옮긴이) 2군 선수고, 비시즌에는 우리가 알 수 없는 이유로 중학교 2학년에게 농구를 가르친다는 것뿐이었다.

그때 우리는 1학년이었으니, 이론적으로 보자면 그의 존재는 우리와 무관했다. 하지만 1학년이 연습하는 야외 코트는 2학년이 쓰는 야외 코트와 참나무 한 그루 정도의 거리밖에 떨어져 있지 않았다. 그리고 새 감독이 오고 며칠 지나지 않아, 우리는 그에게서 눈을 뗄 수 없게 됐다.

당시 우리 감독님은 쾌활하고 유쾌한 사람이었다.

당연히 우리 연습은 언제나 즐겁고 온화했다. 2학년은 완전히 달랐다. 키 190센티미터가 넘고 100킬로그램에 가까운, 거리의 싸움꾼처럼 생긴 마이너리그 포수가 세 시간 내내 온 힘을 다해 소리를 질러댔다. 2학년 선수들은 종종 이 새로 온 감독을 열받게 했고, 그럴 때마다 그는 선수들이 힘들어서 녹초가 될 때까지 바람을 가르며 달리게 했다. 아이들이 완전히 방전돼서 한 걸음도 내디딜 수 없는 지경이 되면, 그는 주머니에서 밥 나이트(Bobby Knight, 전설적인 대학 농구 감독 - 옮긴이)의 어록을 꺼내 큰 소리로 읽었다.

처음 보는 광경이었다. 우리는 피츠의 훈련을 어떻게 받아들여야 할지 몰랐다. 아마 우리 중에서는 숀이 그 광경을 가장 잘 표현했던 것 같다. 숀 투오이(Sean Tuohy, 영화화된 마이클 루이스의 또 다른 책 《블라인드 사이드》의 주인공 마이클 오어의 양부였다 - 옮긴이)는 우리 학교 최고의 선수였기에 우리를 대표하고 있는 거나 다름없었다.

그해, 그는 우리가 32대 0의 기록을 세우게 해줬고, 몇 년 뒤에는 우리 학교를 두 번이나 루이지애나 주 챔피언으로 만들었다. 미시시피대학에 진학한 뒤에는, 미시시피대학이 처음으로 SEC(Southeastern Conference, SEC에 등록된 앨라배마대학, 미주리대학, 미시시피대학 등의 대학 스포츠팀들이 풋볼, 농구, 야구 등 다양한 종목에서 경쟁한다 - 옮긴이) 남자 농구에서 우승을 거머쥐게 했다. 그는 SEC 어시스트 최고 기록을 세웠는데 아직도 그 기록은 깨지지 않았다.

이후 그는 뉴저지 네츠(미국 프로 농구팀. 2012년 브루클린 네츠로 구단명을 변경했다 - 옮긴이)의 지명을 받았다. 3점 슛 라인이 생기기 전이라는 걸 감안하면, 180이 조금 넘는 마른 백인 아이에겐 나쁘지 않은 성과였다. 숀 투오이는 세 명 몫의 싸움을 할 수 있을 정도로 투지가 넘치는 소년이기도 했다. 하지만 농구 연습을 하던 어느 날 오후, 거대하고 성질머리 고약한 아저씨가 연출하는 괴상한 평행 우주를 바라보며 그

는 이렇게 말했다. "맙소사, 제발 2학년이 되지 않게 해주세요."

2학년 진학을 피할 수 없다는 건 확실했지만, 우리가 2학년이 됐을 때 피츠는 이미 고등학교 팀을 맡기로 한 상태였다. 내가 실제로 그를 경험한 건, 고등학교 신입생 생활이 끝난 여름이었다(미국 고등학교 2학기는 1월에 시작해 5~6월 사이에 끝난다 – 옮긴이). 피츠는 오클랜드 A's 2군을 그만두고 뉴먼 고등학교 야구부와 농구부의 감독이 되었다.

나는 열네 살이었지만 열두 살처럼 보였고, 운동에는 전혀 소질이 없었다. 그날은 시즌 마지막 밤이었다. 상대 팀과 동률로 리그 1위를 다투는 중이라 관중석은 꽉 차 있었다. 9회 말, 마운드 위에는 숀 투오이가 있었고 우리가 2대1로 앞서고 있었다(이런 일은 절대 잊을 수 없다). 1아웃 상황, 주자는 1루와 3루. 긴박한 상황이었지만 나는 그다지 신경 쓰지 않고 벤치에 편안하게 앉아 있었다. 달나방luna moth들은 라이트 불빛 아래서 신나게 춤을 추었고, 어린아이들은 펜스 너머에서 파울볼을 기다리며 뛰놀고 있었다. 이 밤이 다른 밤과 다를 거라고 생각할 이유는 없었다. 뉴올리언스에서의 첫 번째 법칙은, 숀 투오이는 어떤 경기를 하든 이긴다는 것이었다.

그때 피츠가 그 이닝에서 두 번째로 마운드에 올라갔다. 관중석에서 큰 소란이 일었다. 상대 팀 팬들이 심판에게 소리를 지르기 시작했기 때문이다. "한 이닝에 두 번이나 마운드에 방문하는 건 반칙이잖아!" 언제나 그렇듯 팬들의 항의에 영향을 받지 않으려던 심판들은, 이 문제를 대수롭지 않게 넘기려 했다.

그러나 심판들이 그러기도 전에, 규정집을 지니고 다니기로 유명한 뉴올리언스의 고교 야구 감독이 관중석에서 뛰쳐나와 경기를 중단했다. 심판들이 그 감독의 말마저 무시할 수는 없었다. 결국 숀 투오이는 강판됐다(한 이닝당 동일한 투수를 상대로 한 마운드 방문은 한 번으로, 두 번 방문할 경우 해당 투수는 마운드에서 내려가야 한다–옮긴이).

  피츠는 입을 바쁘게 움직였다. 규정집을 들고 관중석에서 튀어나온 감독을 엄청나게 비난하면서도(그 감독은 쥐처럼 기어가듯 다시 자리로 돌아갔다), 내게 몸을 풀라고 소리쳤다. 야구장은 이미 소란스러웠지만, 내 모습을 본 관중들은 역전의 기쁨으로 들떠 더욱더 큰 소리를 냈다. 내가 마치 바닐라 아이스크림 한 스쿱에 네 개의 막대를 꽂아놓은 것처럼, 전혀 위협적이지 않은 체격을 갖고 있었기 때문이다.

  나조차 지금 이 상황이 굉장히 이상하다는 걸 알고 있었다. 상대가 전혀 무서워하지 않을 선수의 극단적인 예가 바로 나였다. 상대 벤치에 있던 선수들이 면도를 해야 할 정도로 우람한 아이들이었다면, 우리는 기껏해야 목욕이나 하면 될 것 같았다(부모의 소득 수준이 낮을수록 남자아이들 얼굴에 털이 빨리 난다는 불문율이 있었다).

  내가 마운드에 오르자, 상대 팀 더그아웃에서는 털

북숭이 근육질 선수들이 춤을 췄다. 코치들은 하이파이브를 했고, 관중들은 환호하며 가벼운 조롱을 해댔다. 그들이 볼 때, 경기는 이미 끝난 거나 마찬가지였다. 그때 마운드에 오르던 내가 상대 팀을 신경 썼다면, 긴장과 불안을 느꼈을지도 모르겠다. 하지만 그 순간 나는, 야구장에서 가장 무서운 것에만 온 신경을 집중하고 있었다. 바로 피츠였다.

그때쯤 나는 (아마 우리 선배였던 2학년들로부터) 피츠에 대한 모든 이야기를 들은 상태였다. 빌리 피츠 제럴드는 뉴올리언스 고교 농구와 야구에서 최고의 선수 중 한 명이었으며, 툴레인대학에서 농구와 야구를 모두 했다. 그리고 드래프트 1라운드에서 오클랜드 A's의 지명을 받았다. 다들 그가 메이저리그에서 스타가 될 거라고 생각했다. 하지만 우리는 그의 커리어에 대해 얘기하지 않았다. 그의 **치열함**에 훨씬 더 관심이 많았기 때문이다.

피츠가 고등학생 때, 그의 팀이 진 적이 있었다고

한다. 그때 그는 버스를 타지 않고, 포수 장비를 착용한 채 뉴올리언스 한쪽 끝에 있는 경기장에서 다른 쪽 끝에 있는 집까지 걸어갔다. 다른 이야기도 있다. 어느 날, 그는 뉴올리언스의 또 다른 슈퍼스타, 러스티 스타웁(Rusty Staub, 메이저리그에서 스물세 시즌 동안 뛰었던 전 프로 야구 선수로 2018년 사망했다 - 옮긴이)이 있는 팀과 경기를 했다. 경기 도중 2루에 있던 스타웁이 투수를 기만하는 실수를 했고, 그 모습을 본 피츠는 홈플레이트 뒤에서 뛰쳐나와 포수 장비를 모두 갖춘 채로 겁에 질린 미래의 올스타 스타웁을 쫓아 경기장을 누비고 다녔다고 했다.

비슷한 이야기는 또 있다. 농구계의 전설인 피트 마라비치(Pete Maravich, 1970년대 NBA에서 뛰었던 선수로 프로 생활을 하는 동안 올스타에 다섯 번이나 선정되었고 1988년 사망했다 - 옮긴이)와 피츠에 관한 것으로, 피츠가 있던 툴레인대학이 마라비치가 있던 LSU$^{Louisiana\ State\ University}$와 경기할 때의 이야기다. 뛰어난 수비수였던 피츠는 자연스레 마라비치를 가드하는 임무를 맡게 됐다.

'피스톨 피트'로 불렸던 마라비치는 피츠를 상대로 66점을 기록했지만, 마라비치 역시 경기가 끝나기도 전에 피츠를 기만하는 실수를 하고 말았다. 2학년 선배들의 표현을 빌리자면 '두 방으로 끝나는 승부'였다고 한다. 피츠가 마라비치를 때리는 바람에 마라비치가 바닥에 쓰러졌다. 하지만 얘기는 더 재밌어진다. 마라비치의 아버지이자 LSU 농구팀 감독이었던 프레스가 아들이 맞는 모습을 보곤 코트로 뛰어든 것이다. 그 결과, 피츠는 〈스포츠 일러스트레이티드〉 표지에 실리게 됐다. 표지 사진 속 피츠는 마라비치에게 헤드록을 걸고 있고, 피츠의 등에는 마라비치의 아버지인 프레스가 올라타 있었다고 했다.

그런 그가 지금은 활화산 같은 분노를 폭발시키며 마운드에 서서 나를 기다리고 있었다. 그는 내게 공을 건네며 해가 들지 않는 곳으로 던지라고 했다. 나는 서로 껴안고, 장난치고, 춤추고, 야유하는 상대 팀 선수들을 바라봤다. 그들은 내가 좋은 공을 던질 거라는 생각은 전혀 하지 못하는 것 같았다.

피츠는 몸을 굽혀 내 어깨에 손을 얹고는, 자기 얼굴을 내 얼굴 바로 앞에 갖다 대곤 폭풍의 눈처럼 아주 차분하게 말했다. 이제 그와 나뿐이었다. 우리는 이 긴박한 상황을 함께하고 있었다. 나를 마운드에 올리는 게 그의 의도였는지, 본능적인 직감이었는지, 그게 어디에서 비롯된 건지는 도무지 알 수 없었지만, 그의 행동이 내게 말하는 바는 명확했다. **이런 절체절명의 상황에서 내보낼 수 있는 사람은 너뿐이야.** 그리고 나는 그를 믿었다!

상대 팀이 계속해서 환호성을 지르는 동안, 피츠는 해가 들지 않는 3루에 있던 주자, 그러니까 수염을 기른 마른 녀석을 흘끗 보며 말했다. "저 녀석을 견제로 죽여버려." 그는 그 말을 뱉은 뒤 나를 홀로 두고 떠나버렸다.

제우스가 마운드에 내려와 명령을 내렸다고 해도, 이보다 더 큰 영향을 줄 수는 없었을 것이다. 3루 주자를 견제로 아웃시킬 확률은 높지 않았다. 모두가 주목하는 접전에서는 더욱 그랬다. 하지만 피츠는 내게 그렇게 하라고 했다. 30년이 지난 지금도, 나는 그가 내 안에 심어준 설명하기 힘든 감각을 또렷하게 기억할 수 있다. 그때는 그걸 표현할 적당한 말을 찾지 못했지만, 이제는 알고 있다. 그건 이렇게 말할 수 있을 것이다. 나는 세상과 나 자신에게 뭘 할 수 있는지 보여주려 하고 있었다.

당시 내가 그런 마음을 가진다는 것은, 소설을 쓰는 일이나 다름없었다. 나는 이전 학기에 C 마이너스로 범벅된 성적표를 받았고, 선생님들에게 시비를 걸었고, 시간을 낭비할 새로운 방법들만 생각한 애였다. 나의 가장 나빴던 점은 내가 너무나 훌륭하고 사랑스러운 부모님을 가졌다는 것이었다. 내가 이렇게 된 건 당신들 때문이라고 비난할 사람조차 없었다. 그럼 나는 도대체 왜 이러는 걸까? 알 수가 없었다.

"혼란스러웠다"라는 건 지나치게 온화한 표현이다. 아마 "무기력했다"라는 말이 진실에 더 가까울 것이다. 피츠를 만나기 전 3년 동안 내가 열정을 보인 유일한 일은 새벽 두 시에 몰래 집을 빠져나와 자동차 후드 장식을 떼어내는 일이었다. 벤틀리에서 날개 달린 장식을 떼려면 쇠톱을 들고 이틀 밤을 꼬박 새워야 했기 때문이다. 그런데 지금, 환상적인 설득력을 가진 남자가 주장하고 있었다. 어쩌면 내가 전혀 다른 인간일지도 모른다고. 실은 내가 영웅일 수도 있다고.

윗입술에 솜털이 난 그 아이는 3루에서 멀찍이 튕겨 나와 있었다. 자신이 내 사춘기의 위기를 돌파할 새로운 해결책이 됐다는 사실도 모른 채. 3루 주자가 사태를 파악하기도 전에, 내가 던진 공은 3루수 글러브로 빨려 들어갔다. 3루수가 태그할 때 그는 흙바닥을 뒹굴고 있었다. 나는 그다음 타자를 삼진으로 잡았고, 우리는 그 경기에서 승리를 차지했다.

경기가 끝난 뒤, 피츠는 우리를 모아놓고 짧은 연설을 했다. 규정집을 들고 경기장에 난입한 감독 때문에 분노로 폭발할 것 같은 야구장 분위기는 여전했지만, 피츠는 우리 모두가 여기 있는 그 누구도 갖지 못한 배짱을 가졌다고 말했다. 내게 경기 때 썼던 공을 던져주며 마운드에서 나처럼 용기 있는 사람은 평생 처음 봤다는 말도 했다. 그는 캣피시 헌터나 롤리 핑거스를 비롯한 많은 메이저리그 투수의 공을 잡아본 사람이었다. 아니, **그들이 대체 어떤 사람들인데?**(피츠가 애슬레틱스에 있을 때 함께 있었던 캣피시 헌터와 롤리 핑거스는 팀을 여러 차례 월드시리즈 우승으로 이끈 주역이었다. 두 선수 모두 리그 최고의 투수에게 수상하는 사이 영상을 수상했고, 이후 애슬레틱스의 영구 결번이 되며 MLB 명예의 전당에도 입성했다 - 옮긴이)

몇 주 후, 개학을 했고 교장 선생님이 나를 불렀다. 나는 이미 교장실이 어딘지 알고 있었다. (몇 달 전, 영어 선생님에게 대들었을 때였다. 나는 화를 내는 선생님한테 "선생님은 원래 그렇게 기분이 좋으세요, 아님 오늘 특별히 기분이 좋으신 거예요?"라고 비꼬는 바람에 교장실까지 가야 했다.) 그런데 이번에는 교장 선생님이 놀라운 소식을 전해줬다. 감독님이 내게 희망이 있을지도 모른다고 했다는 것이었다.

그러나 돌이켜보면 그때는 완벽하게 다른 인간이 된 건 아니었다. 당시 내가 생각했던 이 에피소드의 요점은 아주 간단했기 때문이다. 이기는 게 전부라는 것.

\*

 현재 교장의 말만으로는 피츠를 둘러싼 모순된 상황을 정확히 파악하는 게 힘들었다. 교장도 인정했듯 피츠는 변화를 택하며 예전보다 더 부드러워졌지만, 그의 강한 열정은 여전히 더 많은 미움을 샀다. 하지만 그와 함께했던 과거의 선수들이 새로 짓는 체육관 이름을 피츠로 하고 싶었던 이유는, 그의 변하지 않는 열정 때문이었다.

 더 자세히 알아보고 싶었던 나는, 학교로부터 피츠와 함께했던 선수들 명단을 받았다. 대부분은 내가 모르는 이들이었다. 나는 그중 약 스무 명에게 전화를 걸어 피츠와 함께했던 시간을 어떻게 기억하고 있는지 물었다. 피츠가 뭘 하려고 했는지 여전히 이해를 못 하거나 피츠와 화해하지 못해 그를 싫어하는 사람이 분명히 있을 거라고 생각했지만, 그런 이들을 찾는 건 쉽지 않았다. 그리고 그들의 공통적인 반응은 다음과 같은 한 문장으로 요약할 수 있었다. **감독님은 내 인생을 바꿨다.**

그들 모두 피츠와 관련된 자신만의 이야기가 있었고, 그들이 피츠에 대해 갖는 감정을 이해하려면 적어도 그중 하나 정도는 들어볼 가치가 있을 것 같다. 다음은 로즈 장학생(Rhodes Scholar, 영국 로즈 재단에서 선정하는 장학생으로 매년 세계 각국의 인재를 선발해 옥스퍼드대학에서 무료로 공부할 수 있게 한다 – 옮긴이)이자 하버드 의대에 재학 중인 스물아홉 살 필립 스켈딩이 들려준 이야기다.

> 저는 타고난 운동선수가 아니어서 무지하게 노력해야만 했어요. 주전 선수 중 평균 득점이 평균 평점보다 낮은 유일한 선수였거든요.

이건 저희 팀이 주 대회에서 처음으로 우승을 했을 때, 그러니까 제가 고등학교 3학년 때 일이에요. 저희가 이길 거라고 생각한 사람은 없었던 때였죠. 존 에렛 토너먼트에서 준우승을 한 날, 저희 다 집에 가는 버스에서 조용히 하고 있었어요. 모두 감독님이 풍기는 안 좋은 기운을 감지하고 있었거든요.

버스에서 내려 체육관에 들어갔을 때, 감독님은 늘 그랬듯 아무 말 없이 주머니에 손을 넣은 채 동전을 만지작거리고 있었어요. 다른 손에는 준우승 트로피를 들고 있었죠. 감독님이 "내가 2등을 어떻게 생각하는지 알아?"라고 한 뒤 말을 이었어요. "이게 내가 생각하는 2등이야." 그러곤 트로피를 바닥에 세게 내리쳤죠. 저희는 모두 움찔하며 눈을 가렸고요. 준우승 트로피 맨 위에 작은 남자 모형이 있었는데, 그게 제 옆에 있던 애 무릎에 떨어졌어요.

저는 그 순간을 사랑해요. 저희는 그 작은 남자를 주워서 에어컨 위에 올려놨어요. 이후 경기를 하기 위해 로커룸에서 나올 때마다 그걸 만지작거렸죠. 2등. 맞아, 그건 우리 목표가 아니잖아……. 저는 지금도 감독님을 생각해요. 저 자신과 타협하고 싶어질 때마다, 감독님을 떠올려요.

피츠의 감독 경력을 알아보면 알아볼수록, 이런 반전은 더 신비롭게 다가왔다. 하지만 어떤 부모도 피츠를 직접 대면한 적이 없었다. 그들은 피츠 뒤에서 구시렁거렸을 뿐이다. 그나마 직접적인 불만에 가까웠던 건 현재 선수의 아버지가 해준 말이었다. "피츠가 페이턴 매닝(Peyton Manning, 미국의 전 프로 풋볼 선수로 41회 슈퍼볼에서는 MVP로 선정되기도 했다 - 옮긴이) 한테 무슨 짓을 했는지 아시죠?"

현재 인디애나폴리스 콜츠의 쿼터백이자 NFL 최우수선수인 매닝은 피츠 밑에서 농구와 야구를 했다.

아무튼 현재 선수의 아버지가 들려준 이야기에 따르면, 피츠는 농구 연습에 빠진 매닝을 경기에 출전시키지 않았고, 매닝은 그런 피츠에게 반발했다고 한다. 그들은 말다툼을, 어쩌면 몸싸움까지 벌였고, 결국 매닝은 농구팀을 떠났다. 매닝이 피츠 밑에서 야구를 계속하긴 했지만, 피츠가 통제가 안 되는 인간이라고 주장하고 싶은 사람들에게는 그들의 관계가 일종의 그 증거나 다름없었다. 피츠에 대한 불만으로 가득 찬 그 아버지는 "페이턴 매닝이 쓴 책을 읽어 보셔야 돼요"라고 말했다. "거기 다 나와 있어요."

정말 그랬다. 아버지 아치와 함께 쓴 페이턴 매닝의 회고록은 당연히 대부분 풋볼에 관한 이야기다. 하지만 매닝이 회고록에서 언급하는 건 고등학교 풋볼팀 감독이 아니라 피츠였다. 그는 회고록의 몇 페이지를 자신의 옛 야구 감독에게 할애하며, 피츠가 자신에게 가르친 것이 무엇인지를 설명한다.

내가 자라면서 배워야 했던 것 중 하나는 불굴의 의지였다. 그건 타고나지 않는 것이었다. 아버지는 내게 "페이턴, 너는 이것도 해내고 저것도 해내야 해"라고 했지만, 뭔가를 해내는 결단력은 다른 사람에게서 먼저 배워야 했다. 그중 한 명이 피츠 감독님이었다. 난 그에 대해 감사하게 생각하고 있다.

물론 회고록을 곧이곧대로 믿으면 안 된다. 그래서 나는 페이턴 매닝의 아버지인 아치 매닝에게 전화를 걸었다.

그는 웃으며 말했다. "분명 피츠와 페이턴은 문제가 있었어요. 하지만 제게는 그걸 설명할 수 있는 이론이 하나 있습니다. 두 사람이 그렇게 각을 세웠던 이유는 둘이 굉장히 닮은 사람이어서라는 거죠. 페이턴도 피츠 못지않은 성질머리를 가졌거든요. 그래도 페이턴한테 직접 듣는 게 더 정확할 거예요."

페이턴 매닝은 프로 풋볼에서 가장 높은 연봉을 받는 선수일지도 모르지만, 피츠에게 자신의 시간을 쓰는 것에 대해서는 전혀 개의치 않았다. "피츠 감독님에 대한 제 존경과 경외심은 말로 표현할 수 없을 거예요."

페이턴 매닝이 말했다. "고작 몇 마디로 그걸 다 설명할 수는 없거든요. 제가 그분을 얼마나 존경하는지 믿기 어려우실 정도일 겁니다. 감독님은 제가 대학과 프로에서 직면하게 될 많은 일을 미리 준비하게 해주셨어요. 승패가 전부인 일부 감독들과 달리 피츠 감독님은 사람을 사람답게 만들려고 했죠. 한마디로 인생을 준비하게 해주신 거예요. 제 생각이지만, 고교 스포츠를 망치고 있는 사람들은 부모들이에요. 자기 아들이 그저 제2의 마이클 조던이 되기를 바라는 부모들, 감독이나 코치를 때리거나 관중석에서 싸움을 벌이는 부모들이요. 피츠 감독님은 굉장히 혹독한 분이지만, 누구에게도 손을 댄 적은 없어요."

페이턴 매닝의 말은 사실이었다. 피츠는 누구에게도 손을 댄 적이 없었다. 그럴 필요가 없었다. 그에게는 우리가 자신의 말을 듣게 할 다른 방법이 있었으니까.

\*

나 자신도 만족할 만한 영웅적인 자질을 갖춘 시점으로부터 아홉 달이 지났을 때였다. 나는 이제 학교 대표팀 투수였고, 흡연과 음주와 약물과 늦게까지 외출 금지 등의 엄격한 훈련 규칙을 따르고 있었다. 우리 모두 감독님이 내민 엄격한 규칙의 계약서에 사인했지만, 그는 멜로드라마에 재능이 넘치는 나머지 상황이 쉽게 흘러가게 두지는 않았다.

우리 팀엔 명문화된 규칙들 외에 **다른 규칙**도 있었다. 부활절 휴가 동안 뉴올리언스 청소년 중 절반은 플로리다 해변으로 떠났다. 거기서는 섹스뿐만 아니라 많은 것을 유난히 쉽게 구할 수 있어서였다. 피츠는 선수들이 플로리다에 가는 걸 금지했고, 우리가 유혹을 이겨낼 수 있도록 매일 이른 아침 훈련을 진행했다.

그러던 어느 날, 피츠가 우리 중 두 명이 한밤중에 여덟 시간을 운전해 플로리다에 갔다가 아침 훈련 전에 돌아왔다는 사실을 알게 됐다. 그는 우리 모두를 로커룸으로 불러 모았다. 그러곤 말했다. "너희 중 몇몇이 일탈했다는 사실을 알고 있다. 물론 내가 그 사실을 입증할 순 없겠지. 그저 해변의 모래가 플로리다에 갔다 온 범인들이 평생 아플 수 있는 곳에 들어갔길 바란다." (피츠는 이보다 더 화려한 표현을 썼다. 덕분에 지금도 뉴올리언스 어딘가에는 해변만 보면 움찔하는 마흔셋 남자 둘이 있을 것이다.)

신체적 변화는 별로 없었음에도(당시 나는 바닐라 아이스크림 한 스쿱보다는 동그란 호빗에 가까워진 상태였다) 베이브 루스(Babe Ruth, 메이저리그의 전설적인 야구 선수지만 여기서는 고등학교나 대학의 팀보다 더 어린 청소년들의 리그를 의미한다 - 옮긴이)를 졸업하고 대표팀에 들어갔다는 건, 통제 불가능한 호르몬 경쟁에 대처해야 한다는 의미였다. 우리 중 몇몇은 구레나룻을 기르기도 했지만, 상대 팀은 더 어른스러워 보이는 고티goatee 스타일의 수염(콧수염과 턱수염이 이어져 입 주변으로 둥글게 수염을 기른 것. 야구 선수들 중에 이런 수염을 가진 이가 많다 - 옮긴이)을 길렀다. 심지어 경기장에 아내, 때로는 아이들까지 데리고 나타나 우리를 가뿐하게 제압했다.

나는 여전히 근육도 없고, 수염도 없었지만, 나만의 냄새는 있었다. 근육통 치료제인 벤게이bengay 냄새였는데, 통증이 있는 오른쪽 어깨와 팔꿈치에 늘 바르고 다녀서였다. 나는 피츠가 가르쳐준 대로 모자챙에도 벤게이를 발랐다. 내 한심한 패스트볼을 보완하기 위한 스핏볼(spitball, 침이나 이물질을 묻혀 던지는 공으로 프로 리그에서는 금지돼 있다 - 옮긴이)을 던질 수 있게끔 기름을 만들어내는 방법이었다. 그해 나는 어딜 가든 희미하게 벤게이 냄새를 풍겼고, 이 냄새는 곧

설명할 사건과 관련이 있다.

    그 사건은 마디그라(Mardi Gras, 뉴올리언스는 사순절을 맞아 열리는 마디그라 축제의 규모가 가장 큰 곳인데 대개 축제 전날부터 일주일 정도 수업을 하지 않는다 – 옮긴이) 연휴 중에 일어났다. 나는 일주일간의 연휴를 즐기기 위해 부모님과 함께 뉴올리언스를 떠났다. 야구로 성공한다면, 내가 그렇게 되고 있다면 그걸로 충분하다고 생각했다. 하지만 그렇지 않았다. 피츠에게 성공이란 과정이었다. 그가 살아온 삶, 우리가 살아야 한다고 기대한 삶은 우승 트로피보다는 희생과 관련이 있었다. 그리고 그 희생은 더 큰 목적을 위한 것이었다. 바로 야구였다.

    내가 마디그라 연휴 내내 훈련을 빼먹었다고 명문화된 규칙을 어긴 건 아니었다. 하지만 나는 명시되지 않은 어떤 신성한 규칙을 어긴 셈이었다. 일주일이 지나고 마운드로 돌아온 내 모자챙 끝에는 벤게이 한 덩어리가 떨어질락 말락 붙어 있었고, 나는 내 몸과 커

브의 원상 복구를 위해 끙끙대고 있었다. 스핏볼을 던질 여유조차 없었다. 처음 두 타자를 볼넷으로 내보낸 나는, 세 번째 타자와 상대할 때는 엄청난 긴장 상태로 투구하고 있었다.

투 볼.

공을 던지며 느꼈던 감정은, 지금도 컨디션이 안 좋으면 느껴지는 무릎 통증처럼 뭔가 불편했다. 왠지 내가 피츠의 심기를 거스른 사람이 된 것 같았지만, 그가 지금 날 못마땅해한다는 증거는 없었다. 그는 내가 일주일 동안 연습을 빼먹은 것에 대해 아무 말도 하지 않았다. 그때 더그아웃에서 그의 목소리가 울려 퍼졌다.

"마이클 루이스는 연휴 동안 어디 있었지?"

나는 그를 보지 않기 위해 최선을 다했지만, 내 눈꼬리 끝으로 그의 모습이 들어왔다. 그는 더그아웃을 서성이고 있었다. 나는 다시 한번 공을 던졌다.

스리 볼.

"다들 훈련하고 있었는데, 마이클 루이스는 어디 있었지?"

나는 한쪽 눈으로는 포수의 미트를 봤고, 다른 한쪽 눈으로는 더그아웃을 보면서 공을 던졌다.

볼넷.

이제는 만루였다. 역시나 면도가 필요할 것 같은, 수염이 덥수룩한 타자가 타석에 들어섰다.

"마이클 루이스가 어디에 있었는지 말해줄게. 스키를 타러 갔지!"

1976년에 뉴올리언스의 열다섯 살 소년이 스키를 탄다는 건 굉장히 드물고 특별한 일이었다. 그러니 1976년 뉴올리언스 야구장에서 연휴 동안 스키를 탔다는 사실이 알려지는 건, 악명 높은 교도소에서 분홍색 실크 팬티를 입고 있다는 걸 들킨 것만큼이나 충격적인 일이었다. 바로 그 순간, 루이지애나주 슬리델 Slidell 야구장 잔디 위에서 피츠는 장황한 연설이 필요한 내용을 단 한 마디로 설명했다. 특권은 부패를 만

든다는 것.

 너는 늘 의무가 요구하는 것들이 아니라, 돈이면 살 수 있는 짓들만 하고 있어. 너는 언제나 스키를 타고 있지. 부모님 돈으로 스키를 타면서, 삶이 쉽고 편안하다는 믿음을 갖게 됐을 거야. 눈앞에 닥친 어려움은 누군가를 고용해 해결하면 된다고, 네가 직접 감당해야 할 만큼 중요한 건 없다고 말이야.

 하지만 지금은, 갑자기, 내가 직접 감당해야 하는 일이 생겨버렸다. 바로 야구였다. 더 정확히 말하자면, 피츠였다! 나를 위해 자신의 마음과 영혼을 쏟아붓고는, 그 대가로 내가 야구에 마음과 영혼을 쏟아붓기만을 원한 사람 말이다. 그는 내게 원하는 만큼 소리를 지를 권리를 갖고 있었다. 나는 스트라이크존으로 공을 던질 준비를 했다.

 "마이클 루이스가 왜 휴가를 가도 된다고 생각했는지, 누구 설명해줄 사람 있어?"

 제발 스키 얘기는 하지 마. 공이 내 손을 떠나 날아

갈 때 이렇게 생각했던 기억이 난다. 혹시 꼭 스키라고 말해야 한다면, 제발 소리라도 지르지 말라고. 바로 그때, 타자가 내 정면으로 강한 타구를 날렸다. 나는 글러브로 얼굴을 막고 공을 잡아 병살을 시도하면서도, 귀로는 피츠의 말을 놓치지 않으려 애쓰고 있었다. 그리고, 피츠의 고함 소리가 멈췄다.

의식을 되찾았을 때, 나는 등을 대고 누워 피츠를 올려다보고 있었다. 흐릿하게 보이긴 했지만 딱히 자신의 행동을 후회하는 것 같지는 않았다. 타구는 내 코를 다섯 군데나 부러뜨렸다. 하지만 이상하게도 억울하다거나 화가 나지는 않았다. 완전히 새로운 방식으로 보살핌을 받는 기분이었다. 치료를 받으러 병원으로 가는 동안, 나는 엄마에게 말했다. "스키를 타러 가든, 놀러 가든 이제 나는 절대 안 가."

부서진 내 코를 맞춰준 의사는 계속 야구를 하고 싶다면 마스크를 쓰고 해야 할 거라고 했다. 암울한 애기처럼 들리겠지만, 내 사춘기 인생에서 그보다 더 행

복했던 적은 없었다. 나는 남은 시즌 내내 얼굴에 새장을 쓴 동그란 호빗 같은 모습으로 마운드에 올라갔지만, 그때만큼이나 목적의식으로 충만했던 때는 없었다.

내가 연습이 끝나고 하는 추가 훈련을 좋아하게 된 것도 그때부터다. 말 그대로 나는 열정적인 사람이 되었다. 야구에서 얻은 열정을 내 삶의 나머지 부분에도 적용하면 인생이 더 나아질 수 있을 거라는 걸 깨닫는 데는 그리 오랜 시간이 걸리지 않았다. 마치 감독님이 내 안으로 손을 넣어, "사용 전에 켜주세요"라고 적힌 녹슨 스위치를 찾아 켜준 것만 같았다.

그로부터 얼마 지나지 않아, 나 때문에 고생했던 그 영어 선생님이 수업이 끝나고 나를 안아주며 말했다. 행복한 기적이 일어난 건지 1년 전의 나와 지금의 내가 같은 사람이 맞는지 믿기 어려울 정도라고. 선생님이 내게 물었다. "대체 무슨 일이 있었던 거니?" 설명하기 어려운 일이었다.

\*

늦겨울의 화창한 어느 날, 졸업 후 처음으로 뉴먼의 경기를 보게 됐다. 루이지애나주 디펜딩 챔피언인 뉴먼은 뉴올리언스에서 30킬로미터 정도 떨어진 더 큰 학교의 더 좋은 팀과 경기를 할 예정이었다. 팀의 성장을 위해 피츠가 미리 잡아둔 경기였다.

피츠의 머리는 회색이 되었고 몸이 좀 더 불긴 했지만, 경기장에 있는 것만으로도 압박을 주는 존재감은 여전했다. 그는 그저 한 사람이 아니라 하나의 상징이 된 사람이었다. 그의 강한 영향력과 존재감은 그가 바로 앞에 서 있다 해도 사람이 아닌 강력한 상징처럼 보이게 할 수 있었다. 그는 그런 사람이었다.

경기 시작 전, 그는 자신이 어쩌다 이런 상황에 처

하게 됐는지 설명하려 했다. "나는 확실히 선을 넘는 경향이 있어"라고 그가 말했다. "그리고 일부 부모들은 내가 통제 불능이라고 생각한 게 분명해."

그의 감독 경력에서 가장 눈에 띄는 변화는, 여러 면에서 전문성을 갖추고 코칭을 할 수 있게 됐다는 것이다. 이제 그의 선수들은 더 좋은 배팅 케이지와 웨이트실, 최신 훈련 기술, 그리고 상대 선수들에 대한 전력 분석지를 갖게 됐다. 하지만 이 모든 걸 누리는 선수들 대부분이 감독과 의미 있는 관계를 맺을 수는 없었다. "나는 더 이상 아이들 안으로 들어갈 수 없어." 그가 말했다. "애들은 뭐가 중요한지 잘 모를 거야. 아니, 사실 많은 아이가 이해를 못 하지. 문제는 내가 중요한 걸 가르쳐주려 할 때마다 부모들이 방해를 한다는 거야."

피츠가 아이들에게 가르쳐주려는 건 이기는 게 중요하다는 것이 아니었다. 최선을 다해 노력하는 게 중요하다는 것도 아니었다. 그가 말하고 싶었던 건, 선수들에게 나눠주려고 복사해서 들고 있던 종이에 깔끔하게 요약돼 담겨 있었다. 그의 일장 연설의 핵심. 거기엔 전설적인 야구 감독 루 피니엘라Lou Piniella의 명언이 적혀 있었다.

> 그는 결코 강한 경쟁자가 되지 못할 것이다. 불편을 감수할 줄 모르기 때문이다.

피츠가 선수들에게 알려주고 싶었던 건 포기하자고 속삭이는 안일한 평계와 맞서 싸우는 것의 중요성이었다. 피츠는 이런 심리적 문제를 다루는 데 탁월한 사람이었지만, 더는 그의 능력을 발휘할 수 없었다. 그는 말했었다. "문제는 내가 가르쳐주려 할 때마다 부모들이 방해를 한다는 거야."

피츠는 그 부모들에 대해 내가 생각했던 것보다 더 많은 걸 알고 있었다. 알코올 중독, 문제가 있는 결혼 생활, 위압적인 아버지 등. 그는 선수들의 집에서 발

생하는 여러 문제를 심각하게 경계하고 있었다. (우리가 선수였을 때도 이런 걸 다 알고 있었을까?)

피츠의 사무실은 자신이 이뤄낸 승리를 뽐내고 싶어 하는 사무실이 아니었다. 그가 받은 트로피와 상패를 합치면 사무실 다섯 개는 채우고도 남을 만큼 우승을 많이 했지만, 현재 사무실에는 그런 게 아무것도 없었다. 이미 장성한 네 자녀에 관한 오래된 신문 스크랩 몇 개를 제외하면 뭔가를 기념하는 물건은 없는 거나 마찬가지였다.

그런 그가 갖고 있던 것들은 책이었다. 많은 책. 그는 항상 어느 정도 지식인의 면모를 갖고 있었지만, 어렸을 때는 그에게 이런 면이 있다는 걸 잘 몰랐다. 하지만 생각해보니 내가 그를 처음 만났을 때, 그는 중학교 3학년에게 과학을 가르쳤고 생물학 박사 과정을 밟고 있었다.

'열정적인 감독'의 전형으로 묘사되기 쉬운 사람이었지만, 그에게는 남다른 면이 많았다. 그는 헌신적인 아버지였다. 그의 아내 페기는 우리 모두의 얼굴을 빨갛게 물들일 정도로 예뻤다. 중요한 건 그가 남편 앞에서 전혀 위축되지 않았다는 것이다. 열정적이고 강렬하게만 보이는 피츠에게도 가벼운 잡담을 나눌 수 있는, 공격적이거나 거칠지 않은 친구들이 있었다. 하지만 나는 이런 것들에는 전혀 신경을 쓰지 않았다. 내가 당시 그에게서 원했던 건 그저 그의 강렬한 열정이었다. 지금의 나는 그저 덜 중요한 것, 즉 진실을 원할 뿐이었다.

"피트 마라비치와 싸운 일은 대체 어떻게 된 겁니까?" 내가 그에게 물었다.

그가 웃었다. 그는 결코 피트 마라비치를 때린 적이 없었다. (그가 한 정말 용기 있는 행동은 당시 감독에게 마라비치 가드를 맡겠다고 자원한 일이었다.) 비록 〈스포츠 일러스트레이티드〉 표지에 마라비치와 함께 등장하긴 했지만, 그는 마라비치의 목을 조르며 헤드록을 걸고 있던 게 아니라 수비수로서 그를 막고 있었던 것뿐이다.

경기 도중 화가 나 러스티 스타웁을 쫓으러 다닌 적도 없었다. 오히려 그는 도대체 왜 러스티 스타웁을 쫓아다니는지 궁금해하는 쪽이었다. 둘이 같은 학교를 다니긴 했지만 스타웁이 고등학교 4학년일 때, 피츠는 중학교 3학년에 불과했다.

좀처럼 지지 않기도 했지만, 그는 고등학생 때 팀이 졌다고 집에 걸어간 적도 없었다. 하지만 딱 한 번, 대학에서 그런 적이 있었다. ("교구 경계선에 도착했는데 '계속 걷는 게 맞을까?'라고 생각하긴 했지.") 그렇다면 이 모든 이야기는 다 어디서 온 걸까? 돈 많은 부모도 줄 수 없는 무언가를 찾아 헤매던 열네 살 소년들의 상상력에서 나온 것이었다.

그때 책장 한편에 놓인 흑백사진 한 장이 눈에 들어왔다. 주 농구 챔피언십 대회 때 사진으로, 숀 투오이가 피츠의 품에 뛰어들고 있었다. "혹시 그해 여름 기억하세요? 감독님이 마운드에 너무 많이 올라와서 관중들이 난리 쳤을 때요. 결국 손이 내려가야 했잖아요."

"아니."

**"기억 못 한다고요?"**

"오래전 일이야."

30년 동안 내 기억 속에서 빛났던 그 순간이, 그에겐 그저 잊을 수 있는 감독 역사 중 하나였다. 나는 그가 모자에서 꺼낸 또 다른 흰토끼에 지나지 않았다. 하지만 놀라운 점은 그 마술이 마술사보다 흰토끼에게 더 큰 의미를 지녔다는 게 아니라, 그 마술사가 이제는 빈 모자 속에서 흰토끼를 찾을 수 없게 됐다는 것이었다. 나는 그에게 아이들을 제대로 가르치려 할 때마다, 부모들이 아이들 어깨 위에 앉아 방해하는 상황에 적응했는지 물었다. 그의 대답에서는 씁쓸함이 묻어났다. "모든 사람을 구원할 수 없다는 걸 배워야 했지."

"'구원'이라는 게 무슨 의미죠?"

7는 잠시 멈칫했다. 나시 한번 같은 말을 하면 어

떻게 들릴지 생각하는 것 같았다. 그러곤 다른 표현으로 말했다. "아이들의 실제 삶이나 선수로서의 생명을 구원할 수 있다는 뜻이 아니야." 그가 말을 이었다. "내 말은, 아이들 일부는 팀과 자신에 대한 책임을 결코 이해하지 못할 거라는 거야."

나는 그가 목표로 삼았던 구원에 대한 다른 기억을 갖고 있었다. 내 머릿속에서 소년들에게 삶이 특별해질 수 있다는 감각을 주려 노력했던 한 남자가 떠올랐다.

"더는 그런 식으로 얘기할 수 없어." 그가 말했다.

"왜요?"

"봐봐," 그가 말했다. "이 모든 건 잘못된 자존감 때문이야. 지금은 아이들이 날 때부터 자존감이 주어져. 이건 스스로 체득한 게 아니지. 만약 내가 지금 널 심하게 혼낸다면, 너는 깊은 모욕감을 느끼고 큰 상처를 받을 거야. 내가 너를 아껴서 그런다는 걸 전혀 이해하지 못하겠지."

나는 피츠가 야구가 아닌 다른 것에 대해 어떤 생각을 갖고 있는지 잘 몰랐다. 정확하진 않지만, 아마 다른 데에는 별 신경도 쓰지 않았을 것이다. 그는 프란치스코회나 해병대처럼 엄격한 훈련과 규율을 바탕으로 하는 특별한 조직을 운영하는 사람이었으니까. 그의 사무실 구석에는 그가 소년들에게 영감을 주기 위해 로커룸에 걸어두었던, 하지만 현재는 그의 이름을 딴 체육관 건립을 위해 치워진, 오래된 명언이 담긴 액자들이 아무렇게나 놓여 있었다. 나는 그중 하나를 집어들고 먼지를 털어냈다. **빛을 내려면 타오르는 것을 견뎌야 한다―빅터 프랭클.**

그가 웃었다. "그건 다시 걸 수 없을 것 같네."

이후 경기를 보러 경기장에 가니, 피츠에게 불만을 품은 아버지 몇 명이 홈플레이트 뒤쪽에 모여 있었다. 그들의 반대편, 거의 비어 있는 관중석에는 한 남자가 앉아 있었다. 그의 이름은 스탠 블레이치로, 브루클린에서 자란 심장 전문의였다. 이 두 가지 사항은 중

요했다. 그는 대부분의 아버지들과 달리 변호사가 아니었다. 뉴올리언스에서는 20년밖에 살지 않아서 현지 기준으로 보면 외지인이기도 했다. "애가 셋인데 모두 뉴먼을 다녔어요. 뉴먼의 학부모로서 39년을 지낸 셈이죠." 그가 말했다. "하지만 교장에게 항의한 적은 단 한 번도 없습니다."

그 상황이 지난여름에 바뀌었다. 피츠가 자신의 아들에게 한 말에 화가 난 한 아버지가 스탠에게 전화를 걸어 함께 항의를 하자고 했다. 그는 그렇게 하는 대신 교장을 찾아가 피츠를 변호하기로 했다. "너무 과장을 하고 있어요." 스탠이 말했다. "한 부모가 '피츠가 우리 애한테 뚱보라고 했어'라고 하더라고요. 하지만 피츠가 그 아이에게 한 말은 '너 7킬로그램 빼겠다고 약속했는데 5킬로그램이 쪘잖아'였어요."

스탠은 내게 교장의 말을 전해줬다. 교장은 피츠의 그런 말이 아이들에게 안 좋은 기억을 심어준다고 했다고 한다. "그 말을 들은 제가 말했어요. 아니, 교장

선생님, 안 좋은 기억 좀 가지면 안 되나요? 그 아이들은 최선을 다하지 않았고 훈련도 빼먹었어요. 피츠가 경기 때문에 손자 세례식도 못 간 날, 선수들은 세 명이나 파리에 놀러 갔다고요." 스탠은 피츠를 보면 대학 시절 만났던 한 교수님이 떠오른다고, 자신은 그런 교수님이 있어서 감사했다고 말했다. "교수님 수업에서는 90퍼센트를 하면 A를 받지 못했어요. 100퍼센트를 해야 A를 받을 수 있었죠. 그 교수님에게 90퍼센트를 했다는 건 F를 의미했습니다."

그는 관중석 반대편에 있는 아버지들을 가리키며 말했다. "저기 있는 몇몇은 저랑 말도 안 섞어요." 그가 계속했다. "제가 피츠 편을 들었으니까요. 하지만 어쩔 수 없어요. 제 인생의 목표는 제 아들이 대학에 가서 야구를 하는 게 아니거든요. 피츠는 제 아들을 더 뛰어난 운동선수가 아니라 더 나은 사람으로 만들어줬어요. 피츠가 제 아들한테 노력하면 무엇이든 할 수 있다는 걸 가르쳐줬다고요."

경기가 시작된 뒤 나는 스탠의 말, 즉 자신의 아들이 뛰어난 선수가 아니라고 한 말에 반전이 있다는 걸 알았다. 그의 아들은 팀에서 압도적인 선수였다. 그 점은 경기가 진행될수록 더 명확해졌다. 마지막으로 확인한 바에 따르면, 40개 이상의 대학 야구부에서 스탠 블레이치의 아들인 제레미 블레이치(Jeremy Bleich, 뉴먼을 졸업한 뒤 스탠퍼드대학에 진학한 제레미는 2008년 MLB 드래프트에서 개릿 콜에 이어 1라운드에 지명을 받아 뉴욕 양키스에 입단했다 - 옮긴이)를 원하고 있었는데, 그는 아직 고등학교 2학년에 불과했다. 그에게 문제는 대학에서 디비전 1(미국 대학 리그는 디비전 1~3로 나뉘어 치러지는데, 디비전 1에는 규모가 크고 실력이 좋은 학교들이 참여한다 - 옮긴이) 선수로 뛸 수 있느냐가 아니라, 대학을 가지 않고 바로 뉴욕 양키스와 계약을 할 것인지였다.

그는 좋은 패스트볼, 뛰어난 제구력, 메이저리그급 체인지업, 타고난 매력을 갖춘 열여섯 살의 좌완투수였다. 이렇듯 결함이 없는 선수였지만, 팀 동료들은 그가 감독을 각별히 애정한다는 이유만으로 그를 멀리했다. 최근에는 1루수가 제레미 집에 달걀을 던지기도 했다. 팀 선배들이 제레미를 조롱하기도 했지만, 예수를 대했던 거짓 선지자들이 그랬듯 직접적인 공격은 하지 않았다.

"제 면전에 대고 뭐라고 한 사람은 한 명도 없었어요." 제레미가 말했다. "모두 뒤에서만 말했죠. 작년부터는 저를 다들 'J. 피츠'라고 부른 것처럼요. 저는 열다섯 살이었는데, 고등학교 4학년 선배들이 저를 놀리더라고요. 뭘 어쩌라는 건지 모르겠어요. 제가 연습을 열심히 해서 싫어하는 걸까요? 연습에 신경써서? 그렇다고 해도 제가 바뀔 수는 없죠."

그는 다른 선수들이 자신에 대해 정확히 어떤 말을 하고 다니는지는 모른다. 하지만 피츠에 대해 어떻게 말하는지는 알고 있다. "다른 선수들은 감독님의 열정을 우스워해요." 어쩌면 그들은 정말로 그럴지도

모른다. 누군가의 열정을 웃음거리로 만들면 부수적인 이점이 있기는 하다. 삶이 요구하는 새로운 종류의 진지함을 무시하면서 살 수 있게 된다는 것이다.

부모들이 그은 보이지 않는 선은 자식들이 겪는 불편을 최소화하려는 욕구에서부터 그들이 인생에서 내리는 선택들까지 이어졌다. 일주일 후, 정규 시즌 개막을 이틀 앞두고 여덟 명의 선수가 술을 마시다 적발됐다. 그중 한 명을 빼곤 거짓말까지 했다. 두 명의 주장과 학교 명예위원회 두 명을 포함한 모두가 압박을 못 이겨 털어놓기 전까지는 사실을 얘기하지도 않았다.

피츠는 여덟 명의 선수에게 학교가 정한 2주 정학 징계를 내린 후, 팀 전체를 모아 짧지만 단호하게 말했다. 불과 이틀 전까지만 해도 피츠는 책임을 저버린다는 게 얼마나 위험한지에 대해 장시간 설교를 할 수 있을 만큼 인내심이 있는 사람이었다. ("너희는 질 거야. 그리고 다른 사람을 탓하겠지. 하지만 또 질 거다.

그게 너희가 원하는 거냐?") 하지만 이제 그의 인내심은 한계에 달한 상태였다. "너희가 나를 증오할 때까지 뛰게 할 거야."

  몇 시간 후, 첫 번째 전화가 왔다. 3루수의 어머니가 전화를 걸어 자신의 아들은 "마가리타를 한 모금 마셨을 뿐"이라며 뛰게 해선 안 된다고 했다. 또 다른 선수의 아버지에게도 전화가 왔다. 그는 현재 2루수인 자신의 아들이 왜 유격수로 출전하면 안 되는지 알고 싶어 했다.

피츠가 분노를 다스린 것인지, 분노가 피츠를 다스린 것인지, 아니면 그게 중요하기나 한 것인지에 대한 의문은 항상 있었다. 아무튼 1976년 여름은 특히나 불편한 시간이었다. 피츠가 더 큰 학교들이 있는 더 좋은 리그에 우리를 참가시키기로 했기 때문이었다. 그 결과 무기력한 연패가 하염없이 이어졌다. 이제부터 꺼내놓을 피츠에 대한 마지막 이야기가 펼쳐진 그날 밤까지도.

그날도 우리는 정말이지 엄청난 점수 차로 졌다. 경기 막판, 피츠는 주자들에게 슬라이딩을 하라고 두 번이나 소리쳤지만, 15대2로 지고 있던 상황이라 이해를 못 한 건지, 다치거나 유니폼이 너러워질까 봐 겁

정된 건지, 주자들은 슬라이딩을 하지 않고 서서 들어갔다. 경기가 끝나고 밤 열한 시쯤 버스에서 내린 우리는 체육관으로 향했다. 유니폼을 벗으려는데 피츠가 말했다. "체육관 뒤로 나와."

체육관 뒤쪽은 운동장이라고 할 수가 없는 곳이었다. 땅은 아스팔트처럼 단단히 다져져 있었고, 조개껍데기 파편, 유리 조각, 병뚜껑 그 밖의 알 수 없는 것들로 가득했다. 피츠는 우리를 1루 베이스 뒤에 줄 세우곤, 3루까지 달리는 연습을 할 거라고 했다. 3루에는 헤드퍼스트 슬라이딩으로 들어가야 했다.

그는, 이렇게 하면 자신이 슬라이딩을 하라고 할 때 바로 할 수 있을 거라고 했다. 그러곤 어둠 속으로 사라졌다. 잠시 후, 3루 근처에서 그의 목소리가 들렸다. 우리는 한 명씩 출발했다. 처음에는 약간의 볼멘소리가 흘러나왔지만, 얼마 지나지 않아 어둠 속에서 3루를 향해 달려오는 선수에게 "지금이야!"라고 외치는 피츠의 고함만 들렸다.

우리는 계속해서 베이스를 오갔다. 사실상 아스팔트나 다름없는 그곳에서 헤드퍼스트 슬라이딩을 했다. 숨을 헐떡이고 피가 날 때까지 그 사악한 운동장을 달리고 미끄러졌다. 이제 막 팀에 들어와 피츠의 훈련이 낯설었던 아이가 내 앞에서 울기 시작했다. 그때 나는 우는 아이를 보고, '이걸 하기에 넌 너무 어려'라는 터무니없는 생각을 했던 기억이 난다.

마침내 피츠가 이제 할 만큼 했다고 생각했는지 안으로 들어가라고 했다. 환한 체육관으로 들어갔을 때, 우리는 그날 밤을 명확히 보여주는 결과물을 보고 놀랐다. 유니폼은 찢어지고, 더러워졌고, 피투성이가 돼 있었다. 우리가 유니폼을 벗어 세탁 바구니에 넣으려 할 때였다. 피츠는 그런 우리를 멈춰 세웠다. "우린 이 유니폼을 빨지 않을 거야." 그가 말했다. "우리가 이길 때까지."

하지만 그럴 일은 없을 것 같았다. 리그에서 우리 수준이 그랬다. 이후 몇 주, 그러니까 일곱 경기를 치

르는 동안, 우리는 피투성이가 된 찢어진 유니폼을 입고 경기했다. 유니폼은 더 더러워졌다. 우리는 우리가 얼마나 더러운지 판단할 수 있는 능력을 상실한 지경이었다. 우리 외모가 어떤지는 오직 다른 사람들의 반응을 통해 가늠할 뿐이었다.

고교 야구에 관심 있는 작은 커뮤니티에서, '절대 씻지 않는 팀'에 대한 이야기가 퍼졌다. 사람들은 우리가 버스에서 내리는 모습을 보려고 야구장에 몰려들었다. 상대 팀 선수들은 처음에는 우리를 재밌어하다가 점차 놀라워했고, 내 생각이지만 나중에는 약간 두려워했던 것 같다. 그들의 눈에서 미친놈과 마주했을 때 나타나는 두려움을 볼 수 있었다. 불안한 그 눈빛들은 이렇게 말하는 듯했다. "아니, 왜 이렇게까지 하는데? 이건 그냥 게임이잖아?" 상대 팀 선수들, 즉 우월한 실력을 타고난 선수들은 야구를 하러 야구장에 왔다. 그들은 경기가 끝나고 갈 해변이나 술집을 떠올리며 경기를 했다. 이 지옥 같은 자기계발에 매달리고 있는 건 우리뿐이었다.

    우리는 패배할 때마다 버스를 타고 침묵에 빠진 채 체육관으로 돌아갔다. 체육관에 도착하면, 피츠는 또 다른 설교를 했다. 조금씩 다르긴 했지만, 그의 설교 내용은 크게 다르지 않았다. 바로 남자가 된다는 것의 의미였다. 그는 남자가 된다는 건 고난으로부터 도망치려는 본능에 맞서는 것, 즉 싸우는 것이라고 했다. 피츠는 말했다. "나와 전쟁을 치른다면, 나도 너와 전쟁을 치를 거야." 그가 즐겨 한 말도 비슷했다. "내 등에 올라타라."

    특유의 말투와 전달 방식 때문에 그의 말은 사춘기 남자아이 마음에 강하게 각인됐다. 물론 시간이 지난 탓에 피츠가 한 말들은 이렇게 몇 마디만 기억난다. 하지만 재밌는 건 그가 부쉈던 모든 것은 슬로 모션 영상처럼 또렷하게 기억할 수 있다는 것이다. 알루미늄 야구 방망이로 휘두른 스윙 한 방에 부서진 오렌지색 워터 저그. 수십 년 동안 로커룸에 걸려 있었지

만, 피츠가 포수 미트로 한 번에 부순 커다란 흰색 벽시계.

물건을 부수는 게 피츠가 앓는 병의 증상이었다면, 피츠의 병은 우리를 더 나은 사람으로 만들기 위해 그가 쏟은 엄청난 노력이었다. 피츠는 항상 가장 먼저 와서 가장 늦게 떠났다. 추가 훈련을 하고 싶어 하는 아이가 있으면 그 아이와 함께 남았다.

경기가 있던 어느 날, 피츠가 심하게 아픈 적이 있었다. 그는 식은땀을 흘리며 버스에 올랐다. 그날 경기가 있는 야구장까지는 차로 한 시간 거리였는데, 피츠는 달리는 고속도로에서 두 번이나 차를 세워 토해야 했다. 그는 경기를 하는 내내 아팠고, 돌아올 때도 계속 아팠다. 체육관에 도착했을 때, 그는 잠시 토를 하곤 다시 열정적인 설교를 했다.

그러고 며칠 후, 아마도 야구 역사상 가장 지독한 연패가 이어지고 있을 때, 우연히 그가 걷고 있는 걸 봤다. 나는 차를 타고 위험한 동네를 지나는 중이었다. 미국에서도 살인 사건이 많기로 유명한 동네를 걸어간다는 건, 위험을 자초하는 짓이었다. 체육관에서 그의 집까지는 꽤 먼 거리였고, 차가 없는 것도 아닌데 거길 걸어가고 있었다. 아니, 대체 왜 저러는 거야? 생각하다가 깨달았다. 집에 걸어가고 있는 거야! 고등학생 때 팀이 지면 걸어갔던 것처럼! 마치 그가 우리의 죄를 대속하는 것처럼 보였다.

그리고 뭔가가 일어났다. 우리가 변한 것이다. 우리는 우리 자신에 대해 더는 부끄러워하지 않았다. 적어도 잠시는 실패를 두려워하지도 않았다. 조금이긴 하지만 자긍심도 갖게 됐다. 우리는 같은 신념으로 똘똘 뭉친 형편없는 팀이었다. 다른 팀들이 우리보다 야구를 더 잘할 수는 있겠지만, 피츠라는 감독을 견디는 건 어림도 없을 것이란 신념.

경기는 더욱 팽팽해졌고 전투는 더욱 치열해졌다. 우리는 모든 것을 걸고 싸우는 게 어떤 느낌인지를 배우는 중이었다. 이제 피츠의 말들은 공허하지 않았다. 뼈에 새겨질 정도로 깊은 감정이었다.

그리고 마침내, 지독한 연패가 끝났다. 드디어 이긴 것이다. 승리의 기쁨에 취해 춤을 추며 세탁기에 유니폼을 던질 때, 투지에 대한 피츠의 연설을 듣고 있을 때 로커룸에 들어온 사람은 우리가 1승 12패의 전적을 가진 팀이란 사실을 전혀 알아차리지 못했을 것이다.

우리는 그의 말에 귀를 기울였다. 그가 우리에게만 전하려는 뭔가가 있었기 때문이다. 비록 피츠는 야구를 누구보다 잘했지만, 단순히 야구를 잘하는 법에 관한 이야기는 아니었다. 이기는 것만큼 멋진 일은 없지만, 이기는 법에 관한 얘기도 아니었다. 심지어 희생하는 법도 아니었다. 그가 우리에게 가르쳐준 건 훨씬 더 중요한 것이었다. 삶을 잘 살아가는 데 있어서 가장 큰 두 가지 적, 바로 두려움과 실패에 대처하는 방법이었다.

이 교훈을 확실히 주기 위해 그는 우리에게 이 두

가지 모두를 충분히 겪게 했다. 그가 알고 있었던 건—그가 의식적으로 생각한 것인지는 확실하지 않지만, 그는 이 사실을 분명히 알고 있었다—우리가 결코 우리 내면의 약점을 극복할 수 없다는 것이었다. 우리는 결코 우리 안의 최악의 모습을 영원히 몰아낼 수 없다. 우리는 결코 이 싸움에서 이길 수 없다. 우리가 얻을 수 있는 유일한 영광은, 싸움의 수준에 달려 있을 뿐이다.

당시 그가 내게 행한 일을 말로 설명할 수는 없었다. 하지만 뼛속 깊이 느낄 수는 있었다. 고등학교 4학년 어느 날, 집에 갔더니 프린스턴대학 합격 통지서가 와 있었다. 나는 바로 학교로 달려가 피츠에게 그 소식을 전했다. 그렇게 나는 어른이 되어가고 있었다.

\*

나는 다시 뉴올리언스로 돌아갔다. 〈더 타임스-피카윤〉은 뉴먼 그리니스(Newman Greenies, 뉴먼 스쿨의 스포츠팀을 지칭하는 말 - 옮긴이)를 주 챔피언십 우승팀으로 꼽았다. 하지만 문제가 있었다. 지금 그 팀에 자격을 갖춘 아홉 명의 선수가 없다는 것이었다. 음주로 인한 정학은 야구팀 성립 자체를 불가하게 했다.

화창한 토요일 오후, 경기를 치를 예정이었던 뉴먼 그리니스는 아홉 명 이상이 출전할 수 없어 몰수패를 당했다. 피츠는 취소된 경기에 대해서는 아무 말 하지 않고, 선수들을 체육관 뒤쪽의 형편없는 운동장으로 데려갔다. 그는 내야수들에게는 땅볼을, 외야수들에게는 플라이볼을 쳐주며 펑고 훈련을 시작했다.

그의 얼굴은 왁스처럼 창백했고, 몸에선 열이 났다. 솔직히 말하면 기분이 좋아 보이지는 않았다. 그는, 지금 당장 하고 싶은 일을 조금이라도 한다면 '월요일 아침에 교장실에 있겠지'라는 생각에 완전히 발이 묶인 것 같았다.

그럼에도 불구하고 그가 선수들을 홈플레이트로 불러 모을 때까지, 일종의 긴장감이 만들어졌다. 그는 어떻게 할까? 그가 무엇을 할 수 있을까? 몇 년 전 또 다른 10대 소년들이 피가 날 때까지 뛰고 슬라이딩했던 곳에서 불과 몇 발짝 떨어지지 않은 곳에 선수들이 평소처럼 반원 모양으로 모였다.

피츠의 어조는 신경질적이지만 평온하다는 묘사가 정확할 것이다. 그가 차분할 때는 평온하지만, 그렇지 않을 때는 신경질적이었다. 그는 그 특별한 어조로 이솝 우화 하나를 들려주기 시작했다. 개구리가 제발 그만하라고 할 때까지 연못에 돌을 던지는 아이에 관한 우화였다. 아이는 개구리에게 "안 돼"라고 말한다. "나는 이게 재밌단 말이야." "그러자 개구리가 말하지,"라고 피츠가 말을 이었다. "너한테는 재미있을지 몰라도 나한텐 생사가 달린 문제야."

대체 개구리 얘기를 야구팀에 어떻게 적용할 건지 궁금해하기도 전에 피츠가 말했다. "지금 내가 너희한테 느끼는 감정이 바로 그거야. 너희는 그 소년이랑 똑같아. 너희가 하는 짓은 죄다 재미 때문이지." 그의 어조는 차분했지만, 고요한 연못 같은 차분함은 아니었다. 그건 불이 켜지기 직전의 물 주전자와 같은 차분함이었다. 아니나 다를까, 그가 말을 시작한 지 1분쯤 지나자 그의 목소리가 끓어오르기 시작했다.

도대체 언제쯤 이게 경쟁이라는 사실을 받아들일 거냐? 지금 너희는 놀이로 하는 야구팀이랑 다를 바가 없어. 문제는 너희가 그런 리그에서 뛰지 않는다는 거야. 너희는 진지하고 경쟁적인 학교 대항 야구를 하고 있어. 그 말은, 상대 팀이 취미로 야구를 하러 오는 게 아니라는 거야. 걔네는 너희를 삼진으로 잡고 싶어 해. 이겨서 너희한테 망신을 주고 싶어 한다고. 너희 눈알이 빠질 때까지 말이지.

이제 아이들은 그의 말에 집중하고 있었다. 그 남자는 두꺼운 두개골에 구멍을 뚫고, 사춘기 아이들 뇌에 직접 소리를 쳐야 할 운명을 타고난 사람이었다. 나는 25년 전에 그랬던 것처럼 그의 연설에 완전히 빠져 있었고 그 느낌이 좋았다. 이제 그는 핵심을 향해 치닫고 있었다.

운동의 좋은 점 중 하나는 내가 얼마나 성장할 수 있는 인간인지 알게 된다는 거야. 내가 더 나아질 수 있다는 걸 말이야. 하지만 그건 자신을 한계까지 밀어붙여 봐야만 알 수 있어. 그런데 너희는 단 하루도 노력하지 않잖아. 너희는 이 팀보다 파티에 더 많은 에너지를 쏟아붓지.

그는 선수들이 큰 에너지를 들였던 파티 몇 가지를 예로 들었다. 파티를 노골적으로 경멸하는 사람치고는, 파티에 대해 알고 있는 정보들이 너무 세세해서 놀라웠다. 특히 어떤 파티에서는 부모들이 술을 제공했다는 사실까지 알고 있었다.

> 나는 너희 부모들에 대해 잘 알고 있어. 그들이 "내가 학비로 14,000달러나 내니까 우리 애는 경기에 나갈 자격이 있어"라고 말하고 싶어 한다는 것도 알아. 하지만 그건 아니야. 너희는 경기에 나갈 자격을 스스로 **따내야 돼**. 너희도 알겠지만 나도 엄마 아빠가 있어. 나는 그분들을 사랑했지만, 아버지는 운동에 대해 잘 몰랐고 그래서 항상 나를 **이해하지** 못했지. 너희도 언젠가는 사랑과 간섭을 구분해야 해. 어느 순간에는 남자로서 당당히

나서서 이렇게 선언해야 해. "이게 내가 사는 방식이야. 이게 내가 목표를 달성하는 방식이라고." 너희, 마지막으로 그렇게 해본 게 언제지? 아마 한 번도 없을 거야. 너희에겐, 모든 일이 "재미"에 불과하니까. 그런데 재미만 있을 순 없어. 어떤 날은 일을 해야 하는 거라고.

그는 동물과 사람의 차이는 생각할 수 있는 능력이고, 그 차이는 생각하기를 멈추면 줄어든다는 마크 트웨인의 말을 인용하며 이야기를 마쳤다. 이솝 우화에서 마크 트웨인까지, 야구에 대한 여담과 스스로 젖을 떼고 부모에게서 독립해야 한다는 교훈을 담은 이야기는 5분 만에 끝났다. 이후 피츠의 기분은 완전히 바뀌었다. 아이들은 벌떡 일어나 그를 따라 훈련장으로 갔다.

그는 31년 만에 선수들의 태도가 가장 큰 문제인 상황과 직면하게 됐다. 그의 아내 페기는 내게 피츠가 처음으로 감독을 그만둘 생각을 하고 있다고 말했다. 그는 좋은 의도라는 명분을 내세운 학부모들과 학비를 내는 고객들에게 순응하는 학교가 만든 불리한 판에서, 선수들의 태도를 바꾸는 게 거의 불가능한 상황과 마주하고 있었다. 한마디로, 기적을 막으려는 세상과 맞닥뜨린 셈이었다. 게다가 독감까지 걸렸다. 야구 감독 커리어에서 가장 바닥이라고 할 만한 순간이었다.

그리고 나는 그가 불편할 만한 질문을 던졌다. "이 팀에 희망이란 게 있다고 생각하세요?" 그는 이 질문이 신선하다고 느꼈던 것 같다. 그의 얼굴은 살아났고, 활기찼으며, 다시 건강을 되찾은 것처럼 보였다. **"언제나 그렇지."** 그가 말했다. "너도 팀을 포기하지 않잖아. 아이를 절대 포기하지 않는 것처럼." 그러곤 잠시 숨을 멈췄다. "하지만 노력이 좀 필요하겠지."

그렇게 나는 그를 떠났다. 그는 거의 변하지 않았다. 슬프게도 더는 나의 야구 감독이 아닐 뿐이었다.

언젠가 그가 나 대신 내 아이들을 가르칠 수 있을지도 모른다. 그리고 그런 생각을 하다 보면, 나는 새로운 두려움을 느낀다. 혹시라도 내 아이들이 그들만의 피츠를 만나지 못하면 어쩌나 하는 두려움. 아니면 만나게 되더라도 내가 그를 이해하지 못할지도 모른다는 두려움.

뉴먼 그리니스에서 투구를 하고 있는 열여섯 살의 마이클 루이스

# 아이는 어른이 될 수 있는가

옮긴이의 말




마이클 루이스의 열두 살은 형편없었다. 프린스턴대학을 졸업하고 《머니볼》《빅 쇼트》 등 영화화된 베스트셀러를 쓴 작가의 유년 시절은 위태로웠다. 공부를 못한 게 문제가 아니었다. 학교에서는 선생님들과 싸웠고, 학교 밖에선 시간을 낭비할 방법만 찾았다. 열정 같은 건 없었다. 부유한 집안에서 태어나, 좋은 학교에 다녔고, 역시 좋은 집에서 자란 친구들과 함께했다. 그가 겪는 문제에는 그럴듯한 이유가 없었다. 그에게 "열두 살은 나이라기보다 질병이었다."

마이클 루이스는 피츠 감독을 만난 뒤 자신 안에 있던 어떤 스위치가 켜진 느낌이었다고 썼다. 스스로가

쓰기도 전에 고장 난 존재라고 생각했던 그는, 피츠 감독 덕분에 자신이 실은 제대로 사용해본 적도 없는 미개봉 인간이었다는 걸 깨닫는다. 이런 각성은 그가 마운드 위에서 타구에 맞아 코가 부서지는 순간 찾아온다. 아무 걱정 없이, 대단한 성공도 실패도 없는 인생을 살아가던 소년은 부모 돈으로 스키나 타다가 연습을 빼먹는 건 부끄럽기 짝이 없는 일이라는 걸 뼛속 깊이 자각하게 된다. 그 깨달음을 얻자 코가 부서져도 환희가 찾아온다.

피츠 감독은 마이클 루이스를 비롯한 선수들을 더 강한 팀의 더 대단한 인간들과 싸우게 했다. 아스팔트 바닥에서 미끄러지고 피를 흘리며 연습해도 패배는 늘어났고 실패와 두려움은 쌓여갔다. 피츠 감독은 살아가면서 만날 감정들을 선수들이 어렸을 때부터 느끼게 했다. 너희 안의 나약한 인간과 싸워. 더 나은 상대와도 싸워. 지더라도 싸워. 그게 너희가 얻어야 할 유일한 승리야. 남자가 된다는 것은 고난으로부터 도망치려는 본능과 싸우는 거야. 그는 학생들을 선수가 아닌 사람다운 사람으로 만들었다.

모든 인간은 이기고 싶다. 이기고 싶다면 싸워야 한다. 싸우지 않으면 이길 수 없다. 그러니까 실패는 그것 자체가 성취다. 실패는 성공의 어머니가 아니라 성공 그 자체인 것이다. 적이 있다는 것 역시 우리가 싸우고 있다는 증거다. 우리가 싸움을 포기하는 순간 적도 사라진다. 마이클 루이스가 피츠 감독에게 배운 것은 바로 그 싸움을 위한 불굴의 의지였다. 그리고 자기 자신에 대한 자긍심이었다. 어쩌면 우리는 그동안 생각해온 자신과는 전혀 다른 인간, 실은 영웅일지도 모른다.

마이클 루이스가 이 얘기를 썼을 때로부터 20년이 지났다. 하지만 요즘 부모들의 모습과 이 책에 나오는 부모들의 모습은 크게 다르지 않다. 자식의 성공에 방해되는 사람들을 적으로 간주하는 부모들은 아이를 위한답시고 학교로, 직장으로 전화를 하며 아이들 어깨 위에 앉아 아이의 삶을 통제하려 한다. 그것이 자식의 성공을 위한 것이라 믿는다. 포기하자고 속삭이는 내면과 싸우는 대신, 아이들은 부모들의 품으로 도망친다. 이런 부모들은 자신이 믿는 성공을 위해 아이들이 마땅히 겪어야 할 경험을 빼앗아간다. 싸워보지도 못한 채 영웅들이 사라진다.

피츠로 불리던 빌리 피츠제럴드는 약 40년간의 감독 생활을 끝내고 2024년 공식적인 은퇴를 했다(이 책에 나온 일을 겪고도 20년은 더 한 셈이다). 뉴먼 스쿨을 졸업하고 하버드 로스쿨을 나와 조지 부시 정부에서 일하기도 했던 제임스 스트록James Strock은 피츠의 은퇴 소식을 듣고 아래와 같은 글을 썼다.

> 그는 뛰어난 재능을 가진 선수들을 효과적으로 이끌었다. 그의 제자 중에는 유명한 운동선수가 많으며 그들 모두 피츠를 가장 존경하는 인물 중 하나로 꼽는다. 하지만 피츠의 영향력은 스포츠에서

만 발휘되는 게 아니다. 마이클 루이스를 비롯한 많은 이는 피츠에게서 인격적으로 탁월해지는 법을 배웠다. 팀을 위해 봉사하는 법, 자기 자신을 넘어서는 법, 패배를 뒤로하고 일어나는 법 등이 그것이다. 피츠와 함께했던 선수들은 성공했다고 자만하며 안주하지 않는다. (…) 부모들의 과보호가 피츠의 엄격함에 눌린 자식들에게 잠시의 안도감을 줄 수는 있다. 하지만 그의 엄격함은 뉴욕에서 뉴델리까지 늘어선 똑똑하고, 강인하며, 간절한 경쟁자들과 마주할 때 비로소 빛을 발한다.

삶에 대한 열정은 부모의 간섭으로 생기지 않는다. 나 역시 그랬다. 엄마는 끊임없이 나를 닦달했지만 달라지는 건 없었다. 내가 성장한 것은 승패가 걸린 싸움을 한 다음이었다. 내 두 아들도 다르지 않았다. 그렇게 믿었다. 공부든 뭐든 강요하지 않았다. 기회를 주고, 승부를 부추겼다. 결과에 책임을 지는 승부였다. 의심과 반발이 있었지만 인내심을 갖고 기다렸고 관철했다. 그러자 그렇게 좋아하던 게임을 접고, 아이들 스스로 PC와 휴대폰을 껐다. 그 모습을 보면서 이미 승패는 정해졌다고, 아니 이제 승패는 상관없다고 생각했다.

  쓰라린 패배가 두려울 때, 자기 자신을 넘어서야 할 때, 안주하고 싶을 때 어떤 아이들은 부모 뒤로 숨는다. 아마 잠깐은 따뜻할지도 모른다. 하지만 피츠의 말처럼, 그런 식이라면, 또 질 것이고, 다른 사람을 탓할 것이다. 어떤 아이는 도망치지 않고 맞서 싸운다. 실패를 두려워하는 대신 불굴의 의지로, 이기기 위해 마음과 영혼을 쏟아붓는다. 그렇게 누군가는 어른이 된다.

## 사진 출처

속표지: 빌리 피츠제럴드, ⓒTabitha Soren
12: BE THE BEST YOU CAN BE, ⓒTabitha Soren
16: 야구공이 담긴 볼카트, ⓒG Visuals
22: 농구 골대, ⓒTara-mae Miller
27: 글러브와 야구공, ⓒBen Hershey
33: 물에 비친 소년, ⓒRichard Stachmann
36: 불꽃놀이, ⓒNiranjan
39: 그라운드를 바라보는 코치, ⓒLesly Juarez
42: 풋볼 유니폼을 입고 헬멧을 든 소년, ⓒTahir Osman
44: 하늘을 바라보는 소년, Getty Images
48: 해변과 사람들, ⓒ조은혜
52~53: 앉아 있는 소년과 소녀, ⓒAnnie Spratt
57: 눈밭에 누워 웃는 소년, ⓒKateryna Hliznitsova
61: 글러브를 낀 손, ⓒBenjamin Hershey
65: 유니폼을 입고 먼 곳을 보는 남자, Getty Images
71: 누워서 카메라를 보는 소년, ⓒRichard Stachmann
74: 배트를 든 소년, ⓒChristopher Campbell
78: 선반에 놓인 작은 TV, ⓒEvelyn Verdín
82~83: 스케이트보드를 든 사람, ⓒRoman Malik
86: 그라운드를 달리는 소년, ⓒKsama
89: 버스에 앉아 있는 사람들, ⓒAnnie Spratt
94: 놀이공원, ⓒNico Knaack
103: 마이클 루이스, 저자 어머니 소장품

**옮긴이 하경식**

경희대학교와 연세대학교 대학원에서 무역학과 경제학을 공부한 뒤, 미국 밴더빌트대학에서 경영학 석사(MBA)를 마쳤다. 현재는 회사원이다.

## 아이는 어떻게 어른이 되는가

초판 1쇄 발행 2025년 4월 9일

| | | | |
|---|---|---|---|
| 지은이 | 마이클 루이스 | 이메일 | moro@morobooks.com |
| 옮긴이 | 하경식 | X | @morobooks |
| 편집 | 조은혜 | 인스타그램 | @morobooks |
| 디자인 | 만만 | | |
| 펴낸이 | 조은혜 | ISBN 979-11-989725-2-1 03840 | |
| 펴낸곳 | 모로 | | |
| 출판등록 | 제2020-000128호 | | |
| 등록일자 | 2020년 11월 13일 | | |